Luxembourg

Le Grand-Duché
Das Großherzogtum
The Grand Duchy

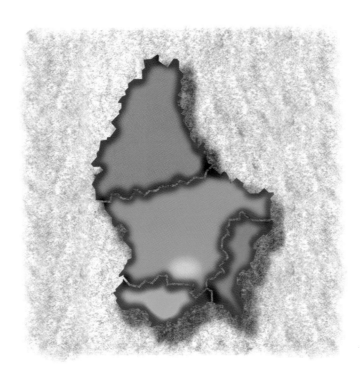

Sommaire / Inhalt / Contents

LUXEMBOURG
Le Grand-Duché · Das Großherzogtum · The Grand Duchy

ISBN 2-87954-053-4

Rédaction et coordination: Rob Kieffer

Recherche photos: Christiane Wagner

Traduction anglaise: Bob West

Layout: Marc Angel

Photos: ARBED; BCEE; BGL; BIL; Casino - Forum d'Art contemporain; CNA;
Deutsche Bank; Domaine Thermal Mondorf; Syndicat d'Initiative et de Tourisme
de Wiltz; Guy Hoffmann; Francis Jans / SEO; Rob Kieffer / Editions Guy Binsfeld;
Luxembourg City Tourist Office; Musée "A Possen"; Musée National d'Histoire
et d'Art; Musée d'Histoire de la Ville de Luxembourg; Conny Scheel; Marcel
Schmitz; François Wagner; Tom Wagner; Visions & More

Photogravure: RAF, I-Firenze

Impression: Lito Roberto Terrazzi, I-Firenze

Distribution pour le Grand-Duché de Luxembourg:
Messageries du Livre, 5, rue Raiffeisen, L-2411 Luxembourg

© 1997

Editions Guy Binsfeld
14, Place du Parc
L-2313 Luxembourg

Lëtzebuerg-Stad

Forteresse sur rochers de grès

Festung auf Sandsteinfelsen

The fortress on the sandstone outcrop

DANS le langage populaire, ils ont des noms charmants: "Stierchen", "Schänzchen", "Meierchen", "Dinselpuert"... Mais les bastions et casemates, dont la pierre couleur sable se reflète dans l'onde de l'Alzette, n'ont rien de coquet! Au contraire: leur puissance témoigne de l'appellation qui valut un temps à la Ville de Luxembourg le surnom de Gibraltar du Nord. Fondée par le comte ardennais Sigefroi en 963, le "Lucilinburhuc", le "petit château" des origines, se transforma au fil du temps en une place forte imposante. ➤➤

DER Volksmund hat ihnen putzige Namen gegeben: "Stierchen", "Schänzchen", "Meierchen", "Dinselpuert"... Doch die zinnen- und schießschartenbewehrten Bastionen und Kasematten, deren sandfarbener Stein sich in den Fluten der Alzette spiegelt, haben nichts Niedliches an sich. Im Gegenteil - ihre Wuchtigkeit zeugt vom einstigen Rufe der Stadt Luxemburg als "Gibraltar des Nordens". Vom Ardennengrafen Siegfried 963 gegründet, war aus dem anfänglichen "Lucilinburhuc", der "kleinen Burg", ein respekteinflößendes Bollwerk geworden. ➤➤

THE vernacular has created some amusing names: "Stierchen", "Schänzchen", "Meierchen", "Dinselpuert"... But the battlemented and embrasured bastions and casemates, the sandy colour of which is mirrored in the flowing waters of the River Alzette below, have little that is pretty about them. On the contrary, their mightiness generated an earlier reputation for the City of Luxembourg as the "Gibraltar of the North". Founded by Siegfried, Count of the Ardennes, in the year 963, there grew from the initial "Lucilinburhuc", or "little castle", a commanding bulwark. ➤➤

Les vestiges de la forteresse, qui trône sur les rochers, furent inscrits en 1994 sur la noble liste du patrimoine de l'UNESCO. Elle attira toujours les conquérants étrangers. Ainsi, les Luxembourgeois tombèrent-ils tour à tour sous la tutelle des Bourguignons, des Espagnols, des Français, des Autrichiens et des Prussiens. La devise "mille ans en cent minutes" du parcours historique sur le mur de Wenceslas nous ramène à des époques où les murailles avaient jusqu'à deux mètres d'épaisseur et résistèrent encore et encore à moultes assauts. Vauban, en particulier, gouverneur et architecte militaire du roi soleil Louis XIV, a laissé des réalisations impressionnantes. ➤➤

Die auf Felsvorsprüngen thronende Festung, deren Überreste 1994 in die noble Liste des UNESCO-Weltkulturerbes aufgenommen wurden, hatte stets fremde Eroberer angelockt. So gerieten die Luxemburger abwechselnd unter die Knute von Burgundern, Spaniern, Franzosen, Österreichern und Preußen. Unter dem Motto "1000 Jahre in 100 Minuten" entführt der Wenzel-Rundgang in Zeiten, als die bis zu zwei Meter dicken Mauern so manchem Kanonenbeschuß trotzen mußten. Besonders Vauban, Statthalter und Militärarchitekt des Sonnenkönigs Ludwig XIV., hinterließ massive Bauten. ➤➤

Perched throne-like on its rocky outcrop, the fortress, the faithfully restored remains of which were entered in the UNESCO World Heritage List in 1994, has always been a lure to foreign conquerors. Thus the people of Luxembourg found themselves under the grasp alternately of the Burgundians, the Spanish, the French, the Austrians, and the Prussians. Under the theme of "1,000 Years in 100 Minutes", the Wenceslas Tour leads the visitor through times when the two metre thick walls must have withstood such heavy bombardment. In particular, Vauban, City Governor and military architect to the Sun King Louis XIV, bequeathed some massive ramparts. ➤➤

FORTERESSE MILLÉNAIRE
Atmosphère nocturne dans la vieille ville;
promenade de la "Corniche"; labyrinthe des
casemates; échauguette espagnole;
mur de Wenceslas; crypte archéologique

1000 JAHRE FESTUNG
Abendliche Altstadt; "Corniche"-Promenade;
Kasematten-Labyrinth; spanisches Türmchen;
Wenzelsmauer; archäologische Krypta

1,000 YEARS A FORTRESS
The "Old City" in the evening; the "Corniche"
promenade; the labyrinth of Casemates;
"Spanish Turret"; the "Wenzelsmauer";
the archaeological crypt;

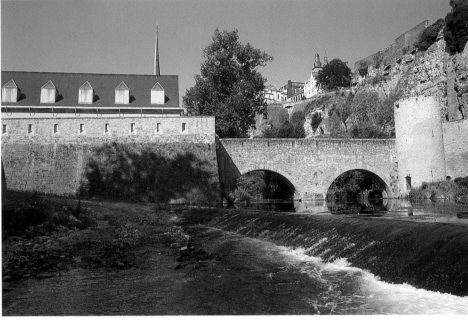

Les bâtisseurs de la forteresse des siècles passés auraient pu être d'excellents banquiers! Ce sont les temps modernes qui ont fait de Luxembourg une place financière dont la solide réputation rappelle sa puissance moyenâgeuse. Les établissements bancaires, au nombre de deux cent-vingt, sont installés dans les écrins d'anciennes maisons patriciennes, occupent des bâtiments de verre et de béton aux formes futuristes de part et d'autre du boulevard Royal ou côtoient les Institutions Européennes sur le Plateau de Kirchberg.
➤➤

Die Festungskonstrukteure verflossener Epochen wären eigentlich gute Banker gewesen. Letztere haben nämlich Luxemburg zu einem Finanzplatz ausgebaut, dessen solides Renommee an mittelalterliche Trutzigkeit erinnert. Die insgesamt 220 Geldinstitute residieren in schmucken Patrizierhäusern oder in futuristischen Glas- und Betonbauten am Boulevard Royal und in Nachbarschaft der Europa-Institutionen auf dem Kirchberg-Plateau.
➤➤

The fortress builders of times gone by would actually have been fine bankers. Indeed the latter have built Luxembourg into a financial centre the solid renown of which is reminiscent of that medieval defensiveness. Altogether some 220 banking institutions are domiciled either in ornate patricians' houses or in futuristic glass and concrete edifices on the Boulevard Royal, or in the neighbourhood of the European Institutions on the Kirchberg Plateau.
➤➤

VIVRE ET LAISSER VIVRE
Marché hebdomadaire; bistrots dans les faubourgs; "Schueberfouer"; animation estivale

LEBEN UND LEBEN LASSEN
Wochenmarkt; Unterstadt-Kneipen;
"Schueberfouer"; Sommer-Animation

LIVE AND LET LIVE
Weekly market; bars in the lower City;
"Schueberfouer"; summer events

Dans la capitale luxembourgeoise, qui compte quatre-vingt
mille habitants, l'art et la culture
sont proposés "à la carte". Plusieurs musées invitent le visiteur:
le Musée National d'Histoire et
d'Art; le Musée d'Histoire de la
Ville; le Musée National d'Histoire
Naturelle; l'ancien casino bourgeois, transformé en Forum d'art
contemporain; le Musée de la
Banque; le Musée des tramways
et bus ou encore le Musée des
Postes et Télécommunications.
➤➤

Kunst und Kultur werden in der
luxemburgischen Kapitale (Ein-
wohnerzahl: 80.000) "à la carte"
angeboten. Gleich mehrere Mu-
seen laden zum Besuch ein: das
Nationalmuseum für Geschichte
und Kunst, das Museum für
Stadtgeschichte, das Nationalmuseum für Naturgeschichte, das
in ein Forum für zeitgenössische
Kunst umgewandelte Bürger-
casino, das Bankenmuseum, das
Tram- und Busmuseum oder das
Post- und Fernmeldemuseum.
➤➤

Art and culture are on offer "à
la carte" in the Luxembourg Capital (inhabitants: 80,000). Ever
more museums invite the visitor to
enter their portals: the National
Museum of History and Art, the
Museum of the History of the City
of Luxembourg, the National Museum of Natural History, the "Citizens' Casino" converted into a forum for contemporary art, the
Museum of Banking, the Tram and
Bus Museum, and the Post and
Telecommunications Museum.
➤➤

La ville fortifiée millénaire n'a que peu souffert de l'essor économique. C'est surtout dans les tavernes des rues anguleuses de la vieille ville, autour du palais grand-ducal et sur les rives de l'Alzette - royaume aquatique de l'ondine Mélusine - que l'on peut découvrir le caractère sociable des Luxembourgeois, qu'un auteur a un jour décrit en ces termes: "Le tempérament nordique, plutôt froid de réputation, devient gaieté et joie de vivre, dès que la table est bonne et abondante, que le vin pétillant de la Moselle délie les langues et éveille les esprits."

Die Behäbigkeit der tausendjährigen Festungsstadt hat nur wenig unter dem wirtschaftlichen Aufschwung gelitten. Besonders in den Kneipen der verwinkelten Altstadtgassen rund um das Großherzogliche Palais und an den Ufern der Alzette, dem Wasserreich der Nixe Melusina, hat jener gesellige luxemburgische Wesenszug überlebt, von dem ein Autor einmal schrieb, "daß das eher nordisch-kühle Temperament sich in Heiterkeit und Lebensfreude verwandelt, sobald die Tafel reichlich gedeckt ist und der spritzige Moselwein die Zungen löst und die Geister beschwingt".

The comfortable solidity of the thousand year fortress city has been affected very little by its economic upsurge. This is especially noticeable in the bars which nestle in the winding cobbled alleys of the old city, around the Grand Ducal Palace and along the banks of the Alzette, the watery kingdom of the mermaid Melusina, within the walls of which the convivial character of Luxembourg has survived untouched. It was once written "that the true northern-cool temperament changes into cheerfulness and joie de vivre as soon as the table is laid, and the sparkling Moselle wine begins to loosen the tongue and to exhilarate the mind."

RENCONTRES

Rendez-vous avec l'empereur Wenceslas auprès du mur portant son nom; avec
l'ondine Mélusine au faubourg du Grund; avec la Grande-Duchesse Charlotte
dans le quartier gouvernemental; avec Guillaume II sur la place de l'Hôtel de Ville

BEGEGNUNGEN

Rendezvous mit Kaiser Wenzel an der Wenzelsmauer; mit der Wassernixe
Melusina in der Unterstadt Grund; mit Großherzogin Charlotte im
Regierungsviertel; mit Wilhelm II. am Rathausplatz

ENCOUNTERS

With Emperor Wenceslas at the "Wenzelsmauer"; with the water-nymph Melusina
in the lower suburb of Grund; with Grand Duchess Charlotte in the government
quarter; with William II in the Place Guillaume

VERDURE AU LIEU DE GRISAILLE
Parc Merl-Belair; parc Tony Neumann;
vue panoramique sur les faubourgs;
vallée de l'Alzette

GRÜN STATT GRAU
Park Merl-Belair; Tony Neumann-Park;
Unterstadt-Panorama; Alzette-Tal

GREEN REPLACES GREY
Merl-Belair Park; Tony Neumann Park; a lower
City panorama; the Alzette Valley

LES PIERRES ET L'HISTOIRE
Palais grand-ducal; Chambre des députés;
Cathédrale; Musée national d'histoire et d'art

STEINE MIT GESCHICHTE
Großherzoglicher Palast;
Abgeordnetenkammer; Kathedrale;
Staatsmuseum für Geschichte und Kunst

STONES WITH HISTORY
The Grand Ducal Palace; the Chamber of
Deputies; the Cathedral; the National
Museum for History and Art

VISITES "À LA CARTE"
Musée d'histoire de la Ville de Luxembourg;
expositions d'art contemporain au "Casino";
siège illuminé de la Banque et Caisse
d'Epargne de l'Etat avec le pont Adolphe à
l'avant-plan; Musée de la Banque; Galerie
d'Art "Am Tunnel"

BESUCH "À LA CARTE"
Museum für Stadtgeschichte; zeitgenössische
Kunst im "Casino"; abendlich erleuchteter Sitz
der Staatssparkasse an der Adolphe-Brücke;
Bankmuseum; Kunstgalerie "Am Tunnel"

VISIT "À LA CARTE"
Museum of History of the City; contemporary
art in the "Casino"; the Head Office of the
State Savings Bank by the Pont Adolphe, in
the evening; the Museum of Banking;
the art gallery "Am Tunnel"

EUROPE & MONDE DES AFFAIRES
Institutions de l'Union Européenne au
Kirchberg; sculpture de Wercollier devant la
"Banque Internationale"; "Deutsche Bank";
"Banque Générale"; les tours de la ville

EUROPA & BUSINESS
EU-Institutionen auf Kirchberg; Wercollier-
Skulptur vor der "Banque Internationale";
"Deutsche Bank"; "Banque Générale";
Stadt der Türme

EUROPE & BUSINESS
EU Institutions on the Kirchberg; Wercollier
sculpture in front of the "Banque
Internationale"; "Deutsche Bank"; Banque
Générale"; the City of towers

Guttland

Paysages vallonés et pélerins dansants

Flußtäler und hüpfende Pilger

River valleys and skipping pilgrims

LE "Bon Pays", ainsi nommé à cause de sa terre arable fertile, est le cœur du Grand-Duché. A l'Ouest, dans la "Vallée des Sept Châteaux", s'enfilent, telles les perles d'un collier, sept châteaux et châteaux forts: Koerich, Sept-fontaines, l'ancien et le nouveau château d'Ansembourg, Hollen-fels, Schoenfels et Mersch. Non loin de la frontière belge, dans un parc de rêve, se cache le château de Colpach. Dans les années 20, il devint un centre de rencontres culturelles sous l'égide du couple d'industriels Mayrisch.　➤➤

DAS Gutland - so benannt wegen seiner fruchtbaren Acker-böden - ist die zentrale Region Luxemburgs. Im Westen reihen sich im "Tal der Sieben Schlösser" sieben Burgen und Schlösser wie die Perlen einer Kette aneinander: Koerich, Simmern (Septfontaines), Alt- und Neu-Ansemburg, Hollen-fels, Schönfels und Mersch. Un-weit der belgischen Grenze liegt in einem malerischen Park das Schloß von Colpach, das in den 20er Jahren unter dem Impuls des Industriellenehepaares Mayrisch zu einem kulturellen Treffpunkt wurde.　➤➤

THE "Guttland", or "Good Land", so named for its fertile soil, is the central region of Luxem-bourg. To the West, in the "Valley of the Seven Castles", the seven fortresses are strung together like pearls in a necklace: Koerich, Septfontaines, Old Ansembourg and New Ansembourg, Hollenfels, Schönfels, and Mersch. Not far from the Belgian border, surroun-ded by picturesque parklands, lies Colpach Manor, which in the Twenties became a cultural mee-ting place, under the initiative and patronage of the industrialist Emile Mayrisch and his wife.　➤➤

Les villages d'Useldange et de Beckerich ont obtenu les honneurs de plusieurs prix internationaux pour leur restauration exemplaire. Les vallées de la rivière Attert, de l'Eisch et de la Mamer, qui traversent ce paysage valonné, confèrent son charme à la partie ouest du "Bon Pays". ➤➤

Orte wie Useldingen oder Beckerich wurden wegen ihrer beispielhafteten Dorfrestaurierung mit internationalen Preisen ausgezeichnet. Die Flußtäler von Attert, Eisch und Mamer, die die hügelige Szenerie durchziehen, verleihen dem westlichen Gutland seinen Reiz. ➤➤

By virtue of their exemplary restoration, villages like Useldange and Beckerich have been distinguished by international awards. The river valleys of the Attert, the Eisch, and the Mamer, meandering through rolling countryside, bestow a distinctive charm on the western part of the "Guttland". ➤➤

CHÂTEAUX FORTS ET RIVIÈRES
Pont traversant l'Eisch; Koerich: ruines du château fort et église baroque

BURGEN UND FLÜSSE
Brücke über die Eisch; Koerich: Ruinen der Wasserburg und Barockkirche

CASTLES AND RIVERS
Bridge over the Eisch; Koerich: ruins of the moated castle and the baroque church

SOUVENIRS
Nouveau château d'Ansembourg;
château fort d'Ansembourg; Mariental

ERINNERUNGEN
Schloß Neu-Ansemburg;
Burg Ansemburg; Mariental

REMINDERS
New Ansembourg Castle;
Ansembourg Castle; Marienthal

Plus vers l'Est, les châteaux forts de Bourglinster, Larochette et Beaufort rappellent l'époque de la chevalerie. Beaufort se situe au centre de la "Petite Suisse luxembourgeoise", dont le paysage est piqueté de roches déchiquetées, de grottes profondes et de sentiers aux nombreuses ramifications. Le centre de cette région romantique est la vallée du Mullerthal, où autrefois les cours d'eau faisaient tourner les roues des moulins. ➤➤

In östlicher Richtung wird in den Burgen von Burglinster, Fels (Larochette) und Befort erneut an vergangene Ritterzeiten erinnert. Befort liegt inmitten der "Kleinen Luxemburger Schweiz", die von zerklüfteten Felsformationen, tiefen Höhlen und weitverzweigten Wanderpfaden geprägt ist. Zentrum ist das "Müllerthal", in dem einst die Flußläufe zum Antrieb der Wasserräder genutzt wurden. ➤➤

In an easterly direction, the strongholds of Bourglinster, Larochette, and Beaufort serve as reminders of a past Age of Chivalry. Beaufort lies in Luxembourg's "Little Switzerland", where the landscape is marked by rugged rock formations, deep caverns and a densely intertwining network of picturesque footpaths. At its centre is the "Müllerthal", where the rivers were once the providers of power, driving many massive water-wheels. ➤➤

SOMPTUOSITÉ DE JADIS
Château fort et église à Septfontaines;
donjon médiéval à Schoenfels (petite photo);
Hollenfels (page de droite)

ALTEHRWÜRDIGE GEMÄUER
Burg und Kirche in Simmern; Burgfried in
Schoenfels (kleines Foto); Hollenfels
(rechte Seite)

VENERABLE WALLS
Castle and church in Simmern; castle keep at
Schoenfels (small picture); Hollenfels
(right page)

De loin déjà, l'on aperçoit les tours de la basilique d'Echternach où repose Saint Willibrord. Le missionnaire y avait fondé un couvent à la fin du VIIe siècle. Les plus beaux livres d'Europe y furent réalisés. Les lettres enluminées étaient en quelque sorte - déjà - des bandes dessinées bibliques. Le Musée germanique de Nuremberg possède le chef d'œuvre de cette époque florissante du XIe siècle, le Livre d'or des Evangiles: les textes sont écrits en lettres d'or, protégés par une couverture en ivoire ciselé. ➤➤

Schon von weitem erblickt man die Türme der Basilika von Echternach, in der der Heilige Willibrord bestattet ist. Der Missionar hatte Ende des 7. Jahrhunderts ein Kloster gegründet, aus dessen Schreibstuben die schönsten Bücher Europas stammten. Die mit verschnörkelten Buchstaben und farbenprächtigen Bildern illustrierten Evangelienwerke waren sozusagen biblische Comicstrips. Das Germanische Museum in Nürnberg besitzt das Meisterwerk aus der Blütezeit des 11. Jahrhunderts, das "Goldene Evangelienbuch" mit einem aus Goldbuchstaben geschriebenen Text und einem aus Elfenbein geschnitzten Buchdeckel. ➤➤

The landmark spires of the Basilica at Echternach can be seen from far afield, towering above the site of St. Willibrord's tomb. At the end of the 7th century, this missionary founded a monastery nearby, from the writing rooms of which came some of Europe's finest volumes. With their illuminated capitals and ornate illustrations, these holy works were, so to speak, the biblical comic strips of their day. The German Museum in Nürnberg possesses one of these masterpieces from the glorious age of the 11th century, with a text featuring gold lettering and a cover inlaid with ivory. ➤➤

Le mardi de Pentecôte, des milliers de pélerins et de curieux participent à la procession dansante d'Echternach, une sorte de danse de Saint-Guy, dédiée à Saint-Willibrord et dont le premier souvenir remonte, dit-on, au XVIe siècle.

Am Pfingstdienstag nehmen Tausende von Leuten an der Echternacher Springprozession teil, die dem Heiligen Willibrord gewidmet ist und bereits im 16. Jahrhundert Erwähnung findet.

On Whit Tuesday every year, thousands of people take part, skipping, in the Spring Procession of Echternach, dedicated to St. Willibrord, and documented as early as the 16th century.

RESTAURATION EXEMPLAIRE
Beckerich, village primé pour ses
restaurations réussies

BEISPIELHAFT RESTAURIERT
Preisgekröntes Dorf Beckerich

EXEMPLARY RESTAURATION
The award-winning village of Beckerich

DÉCOUVERTES
Mosaïque romaine découverte à Vichten;
château fort à Useldange; Saeul

ENTDECKUNGEN
In Vichten gefundenes Römermosaik;
Burg in Useldingen; Saeul

DISCOVERIES
Roman mosaic found in Vichten;
castle in Useldange; Saeul

SOUS LE SIGNE DES ARMOIRIES
Château résidentiel du couple grand-ducal
à Colmar-Berg; château à Mersch

IM ZEICHEN DER WAPPEN
Großherzogliches Residenzschloß
in Colmar-Berg; Schloß in Mersch

UNDER COATS OF ARMS
The Grand Ducal Residence
in Colmar-Berg; the castle in Mersch

VIEUX ET NOBLE
Château fort de Larochette; château de
Meysembourg; château de Fischbach, rési-
dence du couple grand-ducal héritier

ALT UND NOBEL
Ritterburg in Fels; Schloß Meysemburg;
Schloß Fischbach, Wohnsitz des
erbgroßherzoglichen Paares

THE AGE OF CHIVALRY
Knight's Castle in Larochette;
Meysembourg Castle; Fischbach Castle,
residence of the Hereditary Grand Duke,
Prince Henri, and his family

EXCURSIONS
Vieille huilerie et rue principale à Christnach;
terrasse d'un café à Larochette; château fort
et église paroissiale à Bourglinster

AUSFLUGSZIELE
Alte Ölmühle und Dorfkern in Christnach;
Café-Terrasse in Fels; Burg und
Pfarrkirche in Burglinster

EXCURSIONS
Old oil-mill and village centre in Christnach;
café terrace in Larochette; castle and parish
church in Bourglinster

PETITE SUISSE LUXEMBOURGEOISE
Mullerthal; chêne séculaire abritant une statue de la Vierge à Altrier; "Schiessentümpel";
formation rocheuse

KLEINE LUXEMBURGER SCHWEIZ
Müllerthal; uralte Eiche mit
Muttergottesstatue in Altrier;
"Schiessentümpel"; Felsformation

LUXEMBOURG'S LITTLE SWITZERLAND
Müllerthal; ancient oak with statue of the
Virgin Mary in Altrier; "Schiessentümpel";
rock formation

COMME AU TEMPS DES CHEVALIERS
Chambre des tortures au
château de Beaufort

WIE ZU RITTERSZEITEN
Folterkammer im Schloß Befort

THE BAD OLD DAYS
Torture chamber in Beaufort Castle

VILLE ABBATIALE D'ECHTERNACH
Centre récréatif avec lac artificiel; procession
dansante; "Dënzelt" sur la place du marché;
vue panoramique sur la basilique et l'abbaye

ABTEISTADT ECHTERNACH
Künstlicher Freizeitsee; Springprozession;
"Dënzelt" am Marktplatz; Panorama mit
Basilika und Abtei

ABBEY TOWN ECHTERNACH
Man-made lake; the Spring Procession;
the "Dënzelt" on the market square;
panorama with the basilica and the abbey

Éisslek

Hauts-plateaux et forêts denses

Hohe Koppen und tiefe Wälder

Tall hills and deep forests

QUAND le diable se dépêcha de traverser le Luxembourg, sa besace remplie de châteaux forts et de demeures princières éclata et son contenu se répendit sur tout le pays. Voilà pour la légende. Mais les Luxembourgeois sont fiers de cet "héritage satanique". Les châteaux forts les plus impressionnants se trouvent dans les Ardennes luxembourgeoises, également appelées "Éisslek" et riches en hauts-plateaux boisés.

ALS der Teufel Luxemburg durcheilte, soll sein mit Trutzburgen und Grafenschlössern gefüllter Sack geplatzt sein und der Inhalt sich über das ganze Land verbreitet haben. Legende hin, Legende her, die Luxemburger sind stolz auf diese "satanische Erbschaft". Die beeindruckendsten Burgen befinden sich im wald- und hügelreichen Norden des Landes, auch noch "Éisslek" genannt.

WHEN the Devil sped through Luxembourg, he is said to have burst his sack of fortresses and castles, scattering the contents throughout the entire land. Legends here and legends there, Luxembourg folk are proud of this "satanic heritage". The most impressive fortresses are located in the hilly North of the country, also known as the "Éisslek".

Le puissant château féodal de Vianden, dans la vallée de l'Our, a eu les honneurs de la littérature. Victor Hugo y vécut sporadiquement durant son exil et ne manqua pas de décrire largement et même de dessiner l'ancien fief féodal. Non moins impressionnants sont les bastions des châteaux forts de Bourscheid, Brandenbourg et Clervaux. Ce dernier château abrite la fameuse exposition "Family of Man", une énorme documentation sur la vie des hommes, rassemblée par Edward Steichen, photographe d'origine luxembourgeoise. ➤➤

Zu literarischen Ehren kam die mächtige Hofburg von Vianden im Ourtal. Der französische Schriftsteller Victor Hugo lebte hier zeitweise während seines Exils und versäumte nicht, den mittelalterlichen Grafensitz ausgiebig zu beschreiben und sogar zu zeichnen. Nicht weniger gewaltig sind die Bastionen der Burgen von Burscheid, Brandenburg, Clerf (die Burg beherbergt Edward Steichens berühmte Fotoausstellung "Family of Man") oder Esch-an-der-Sauer. ➤➤

The mighty castle in Vianden, looking proudly down upon the River Our, has also known literary glory. The French writer Victor Hugo lived there for a while during his exile, not missing the opportunity to describe the medieval seat of Counts, and even to draw it. No less powerful are the bastions of Bourscheid, Brandenbourg, Clervaux (that castle houses Edward Steichen's famous photographic exhibition "The Family of Man") and Esch-sur-Sûre. ➤➤

VILLAGES PAISIBLES
Château fort de Schuttbourg près de
Kautenbach (page de gauche);
Weiswampach; Lellange

STILLE DÖRFER
Schüttburg bei Kautenbach (linke Seite);
Weiswampach; Lellingen

QUIET VILLAGES
Schüttburg near Kautenbach (left page);
Weiswampach; Lellange

N'oublions pas non plus Esch-sur-Sûre, une jolie petite ville au pied des ruines d'un château fort, autour de laquelle la Sûre décrit une audacieuse boucle en forme de fer à cheval. L'ancienne fabrique de tissages héberge le centre d'information du "Parc naturel de la Haute-Sûre": une région de vingt-neuf mille hectares, qui se love le long de la frontière belge et qui a d'autres trésors à offrir que le lac artificiel du barrage de la Haute-Sûre, dominé par un paysage de genêt et de forêts de sapins ou de hêtres. ➤➤

Esch-an-der-Sauer ist ein putziges Burgstädtchen wie aus dem Baukasten, um das die Sauer eine kühne, hufeisenförmige Schleife zieht. In der einstigen Tuchfabrik befindet sich das Informationszentrum des Naturparks Obersauer. Das 29.000 Hektar große Gebiet des Naturparks, der sich an der belgischen Grenze entlangkuschelt, hat weit mehr als den in schroffe Ginster- und Farnlandschaft eingebetteten Obersauer-Stausee zu bieten. ➤➤

Esch-sur-Sûre is a charming fortified town, as if created from an ancient building kit, around which the River Sûre flows to form a sweeping horse-shoe bend. The former cloth factory accommodates the information centre for the Upper Sûre Nature Park. Covering an area of 29,000 hectares, and nestling alongside the Belgian border, the Nature Park has much more to offer than the Upper Sûre Lake, surrounded as it is by a verdant land of gorse and ferns. ➤➤

TRADITIONS
Musée rural à Binsfeld;
moulin restauré à Asselborn

TRADITIONEN
Landwirtschaftliches Museum in Binsfeld;
restaurierte Mühle in Asselborn

TRADITIONS
Agricultural Museum in Binsfeld;
restored mill in Asselborn

BOUCLE AUDACIEUSE D'UN FLEUVE
Esch-sur-Sûre

KÜHNE FLUßSCHLEIFE
Esch-an-der-Sauer

BOLD HORSE-SHOE BEND
Esch-sur-Sûre

La "Route des moulins", longue de vingt-trois kilomètres, conduit à des merveilles à ne pas rater. Le Parc naturel invite aussi à une visite de lieux de culte, en particulier à Rindschleiden. L'église de Rindschleiden, le plus petit village du Luxembourg, abrite un trésor: des fresques qui proviennent des XVe et XVIe siècles. ➤➤

Die 23 Kilometer lange "Route der Mühlen" führt zu sehenswerten Wassermühlen, während ein Parcours der religiösen Stätten unter anderem zu einem Besuch von Rindschleiden einlädt. Die Pfarrkirche von Rindschleiden, Luxemburgs kleinstem Dorf, wartet mit Fresken aus dem 15. und 16. Jahrhundert auf. ➤➤

The 23 kilometre "Route of Mills", leads to some fascinating watermills, while the tour of religious places offers an invitation to visit Rindschleiden, among other places of interest. The parish church of Rindschleiden, Luxembourg's tiniest village, has frescoes from the 15th and 16th centuries. ➤➤

Wiltz est surtout connue pour son célèbre festival européen de théâtre et de musique, ainsi que pour le corso fleuri de sa "Fête du genêt" le lundi de Pentecôte. Le Monument de la grève nationale, en souvenir des victimes de la Seconde guerre mondiale, rappelle cette sombre époque de l'histoire du Luxembourg, durant laquelle le Nord du Grand-Duché fut particulièrement touché. Durant la Bataille des Ardennes, au cours de l'hiver 1944/45, les villages de l'Oesling furent ensevelis sous les débris. Des musées de guerre à Wiltz, Diekirch et Ettelbruck, "la ville du Général Patton", retracent l'épopée de cette bataille.

Wiltz ist vor allem für seine Europäischen Theater- und Musikfestspiele sowie für sein "Ginsterfest" am Pfingstmontag bekannt. Das Nationale Streikdenkmal, eine Gedenkstätte an die Opfer des Zweiten Weltkrieges, erinnert an diese düstere Epoche in der Geschichte Luxemburgs. Der Norden des Großherzogtums wurde besonders in Mitleidenschaft gezogen. Während der Ardennenoffensive im Winter 1944/45 wurden die Dörfer des Öslings in Schutt und Asche gebombt. Kriegsmuseen in Wiltz, Diekirch und in der Patton-Stadt Ettelbrück schildern den Schlachtverlauf.

Wiltz is known above all for its European Theatre and Music Festival, as well as its "Gorse Festival" on Whit Monday. The National Strike Memorial, in honour of the victims of the Second World War, is a reminder of that gloomy period in Luxembourg's history. The North of the Grand Duchy suffered especially severely. During the Ardennes Offensive in the winter of 1944/45, the villages of the Ösling were bombarded so heavily that little more than rubble and ashes remained to tell the tale. Military Museums in Wiltz, Diekirch, and the General Patton town of Ettelbrück, vividly portray the battle visited upon the area during that time.

LAC DE RETENUE DE LA HAUTE-SÛRE
Voiliers et pêcheurs; Esch-sur-Sûre;
chapelle au Heiderscheidergrund;
fresques à Rindschleiden; croix en pierre

OBERSAUER-STAUSEE
Segler und Angler; Esch-Sauer;
Kapelle in Heiderscheidergrund;
Fresken in Rindschleiden; Wegkreuz

UPPER SÛRE LAKE
Sailors and anglers; Esch-sur-Sûre;
chapel in Heiderscheidergrund;
frescoes in Rindschleiden; roadside crucifix

CHEMINS ISOLÉS
ET FÊTES MULTICOLORES
Ardoisière à Martelange; Mecher;
Pintsch; fête du genêt

EINSAME WEGE UND BUNTE FESTE
Schiefergrube in Martelingen; Mecher;
Pintsch; Ginsterfest in Wiltz

LONELY PATHS AND
COLOURFUL FESTIVALS
Slate quarry in Martelange; Mecher;
Pintsch; Gorse Festival in Wiltz

CAPITALE DES ARDENNES

Wiltz, ville de festival avec son château,
sa procession en l'honneur de Fatima, son
Monument national de la grève
et ses arbustes de genêts

KAPITALE DER ARDENNEN

Die Festivalstadt Wiltz mit ihrem Schloß,
ihrer Fatima-Prozession, ihrem Nationalen
Streikdenkmal und ihren Ginsterbüschen

CAPITAL OF THE ARDENNES

The festival town of Wiltz with its castle,
its Fatima Procession, its National Strike
Memorial, and its gorse bushes

ENTOURÉE DE FORÊTS PROFONDES
Clervaux avec zone piétonne, exposition
"Family of Man" et abbaye bénédictine

IN TIEFEN WÄLDERN EINGEBETTET
Clerf mit Fußgängerzone, Ausstellung "Family
of Man" und Benediktinerabtei

NESTLING IN DEEP FORESTS
Clervaux with its pedestrian zone,
the "Family of Man" exhibition, and the
Benedictine Abbey

IMPRESSIONNANT
Bourscheid, un des châteaux forts les plus
majestueux entre le Rhin et la Meuse

TRUTZIG
Burscheid, eine der imposantesten Burgen
zwischen Rhein und Maas

DEFIANT
Bourscheid, one of the most imposing castles
between the Rhine and the Meuse

SUR LES RIVES DE L'OUR
Château, chapelle du château et statue de
St Jean Nepomucène à Vianden; station
hydro-électrique de pompage SEO;
Stolzembourg (page de gauche); Grand-
Rue et fête du "Miertchen" à Vianden;
l'Our, fleuve frontalier (page de droite)

AN DER OUR
Schloß, Schloßkapelle und Nepomuk-
Statue in Vianden; SEO-
Pumpspeicherwerk; Stolzemburg (linke
Seite); Grand-Rue
und "Miertchen"-Fest in Vianden;
Grenzfluß Our (rechte Seite)

ON THE RIVER OUR
Castle, chapel of the castle and Nepomuk
Statue in Vianden; the SEO hydro-electric
power station; Stolzembourg (left page);
Grand Rue and "Miertchen"-festival in
Vianden; the Border River Our
(right page)

<dd>
</dd>
<dd>
</dd>
<dd>
</dd>
<dd>
</dd>
<dd>
</dd>
<dd>
</dd>
<dd>
</dd>
<dd>
</dd>

Luxembourg
Eisslek

DANS LE SUD DE L'OESLING
Château fort de Brandenbourg (page de gauche),
château d'Erpeldange; sculpture de la
"Marchande de beurre" à Ettelbruck; Diekirch:
fontaine des ânes et église dans la vieille ville

IM SÜDLICHEN ÖSLING
Burg Brandenburg (linke Seite); Schloß
Erpeldingen; "Butterfrau"-Skulptur in Ettelbruck;
Eselsbrunnen und Kirche in der
Diekircher Altstadt

IN THE SOUTHERN ÖSLING
Brandenbourg Castle (left page); Erpeldange
Castle; "Butter Lady" sculpture in Ettelbruck;
Diekirch: donkey fountain and church
in the old town

Musel

Les Romains déjà estimaient les vins de la Moselle

Schon die Römer schätzten den Moselwein

The Romans treasured Moselle wine

SCHENGEN, à l'extrême pointe septentrionale de la "Route du vin" luxembourgeoise (trente neuf kilomètres de long) est le village le plus discret de la rive luxembourgeoise de la Moselle. C'est plutôt un hasard si ce village de quatre cents âmes, situé dans le triangle des trois frontières luxembourgo-franco-allemand, a été catapulté sous les feux de la rampe par la politique européenne. De Schengen on n'avait jusque là entendu parler qu'à travers ses Pinots savoureux et fruités qui mûrissent sur les côteaux du "Markusbierg".

SCHENGEN, am südlichen Zipfel 39 Kilometer langen Luxemburger Weinstraße gelegen, ist der unauffälligste Ort am großherzoglichen Moselufer. So war es eher ein Zufall, der das dösige 400-Seelen-Dorf im luxem-burgisch-deutsch-französischen Dreiländereck ins Rampenlicht der Europapolitik katapultierte. Bis dahin hatte Schengen allenfalls wegen seiner öchslereichen und fruchtigen Pinot-Weine, die an den Hängen des "Markusbierg" heranreifen, von sich reden gemacht.

SCHENGEN, situated at the southern end of the 39 kilometre Luxembourg Wine Route, is the most unremarkable village on the Grand Duchy's bank of the River Moselle. It was thus by chance that the drowsy community of some 400 souls, nestling in the "three country corner" of Luxembourg, France, and Germany, was catapulted into the limelight of history. Until that point in time, Schengen had only aroused talk of its fruity, high-in-öchsle Pinot grapes ripening on the slopes of the "Markusbierg".

Lorsqu'en 1985, les hommes politiques européens cherchèrent un lieu de rencontre neutre mais symbolique pour signer un important traité international, le choix tomba sur le petit village vigneron luxembourgeois. Les "Accords de Schengen", qui ouvrirent la majorité des frontières nationales des Etats de l'Union européenne a rendu ce coin célèbre - du moins en ce qui concerne son nom.

➤➤

Als im Jahre 1985 nach einem neutralen, symbolträchtigen Ort gesucht wurde, um einen wichtigen internationalen Vertrag zu unterzeichnen, fiel die Wahl der Europa-Politiker auf den kleinen luxemburgischen Winzerort. Das "Schengener Abkommen", das die Binnengrenzen der meisten EU-Staaten abschaffte, hat den Flecken - zumindest was den Namen anbelangt - in der ganzen Welt bekannt gemacht.

➤➤

When, in 1985, the search began for a neutral and symbolic place in which to sign a major international agreement, the choice of the European politicians fell on this tiny Luxembourg wine-grower's village. The "Schengen Treaty", abolishing the internal borders between most EU states, spread the fame of the place, or at least its name, throughout the world.

➤➤

L'EUROPE SANS FRONTIÈRES
Au village de vignerons de Schengen fut signé l'accord du même nom

EUROPA OHNE GRENZEN
Im Winzerort Schengen wurde das gleichnamige Abkommen unterzeichnet

EUROPE WITHOUT BORDERS
The wine village of Schengen where the Accord of the same name was signed

CURE, SPORT, REPOS
Domaine thermal à Mondorf, entouré d'un
magnifique parc où coule la Gander

KUR, SPORT, ERHOLUNG
Thermalbad in Mondorf, in dessen Park die
Gander fließt

SPORT, REST AND RECUPERATION
The thermal spa in Mordorf-les-Bains, where
the River Gander flows through the park

Les habitants de la Moselle prennent cette célébrité subite avec le flegme et la placidité qui caractérisent les vignerons de ce bout du Grand-Duché gâté par la douceur du climat. Les Romains déjà, n'avaient-ils pas utilisé ce site ensoleillé pour planter les premiers pieds de vigne? Ausonius, le grand poète romain, chantait, dans son ode "Mosella" les nobles gouttes dorées de Bacchus. ➤➤

An der Mosel selbst nimmt man die durch den Schengener Vertrag erlangte Berühmtheit mit jener Gemütsruhe und bodenständigen Weisheit hin, der den Winzern in diesem von mildem Klima verhätschelten Landstrich eigen ist. Immerhin hatten bereits die Römer die sonnenverwöhnte Lage genutzt, um die ersten Rebstöcke anzupflanzen. Der Verseschmied Ausonius schwärmte in seinem Gedicht "Mosella" von den edlen Bacchus-Tropfen. ➤➤

On the Moselle itself, the fame brought by the Schengen Accord is accepted with that self-composed resolve and native wisdom which is so unique among the wine grower's who live and toil on this stretch of land, pampered as it is by such a mild and productive climate. In any event, as early as Roman times, the sun-blessed region was being utilised for the planting of its first vines. The wordsmith Ausonius, in his poem "Mosella", enthused with passion about the noble drop blessed by Bacchus. ➤➤

VILLAGES DE VIGNERONS
Wellenstein (grande photo; petite photo d'en
bas); musée folklorique et viticole "A Possen"
à Bech-Kleinmacher (page de droite en bas)

BEHÄBIGE WINZERDÖRFER
Wellenstein (großes Foto; kleines Foto
unten); Possenhaus in Bech-Kleinmacher
(rechte Seite unten)

WELL-TO-DO WINE-GROWERS' VILLAGES
Wellenstein (large picture; small picture
below); "A Possen" in Bech-Kleinmacher
(right page below)

Au Musée du vin à Ehnen et au Musée folklorique et viticole "A Possen" à Bech-Kleinmacher, on peut se rendre compte de ce qu'étaient les anciennes traditions viticoles. Qui s'arrête dans une des caves de la "Route du vin", a tout loisir de goûter vins et mousseux luxembourgeois. ➤➤

Alte Winzertraditionen werden im Weinmuseum in Ehnen oder im Wein- und Folkloremuseum "A Possen" in Bech-Kleinmacher veranschaulicht. Wer in einer der Kellereien an der Weinstraße Einkehr hält, bekommt reichlich Gelegenheit zum Pröbeln der luxemburgischen Weine und Sekte. ➤➤

A new light is shone upon old vintner traditions in the Wine Museum at Ehnen and the Wine and Folklore Museum, "A Possen", in Bech-Kleinmacher. Whoever shall stop at one of the cellars along the Wine Route, shall have ample opportunity to sample the many varied Luxembourg wines and sparkling wines which are on offer. ➤➤

Dans des villages soigneu-
sement restaurés - Ahn, Ehnen,
Greiveldange ou Wellenstein - le
temps semble s'être arrêté. Depuis
les ruelles pavées, on n'entend
que le hallètement lointain des
tracteurs qui grimpent dans les
vignobles et les cornes de brume
des bateaux de frêt et d'excursions qui montent et descendent
le lit canalisé du fleuve.   ➤➤

In sorgsam restaurierten
Dörfern wie Ahn, Ehnen, Greivel-
dingen oder Wellenstein scheint
bisweilen die Zeit stillzustehen. In
den kopfsteingepflasterten Gassen
hört man nur das ferne Tuckern
der Traktoren, die in die Weinberge fahren, und die Signalhörner
der Lastkähne und Ausflugsschiffe,
die auf dem Fluß auf und ab navi-
gieren.   ➤➤

In meticulously restored villages like Ahn, Ehnen, Greiveldange, and Wellenstein, time
seems now and then to have
stood still. In the winding cobbled
alleys one can hear but the faint
distant chug of tractors negotia-
ting the vineyard slopes, and the
cautiously beeping horns of
barges and pleasure boats plying
their trade up and down the river.
     ➤➤

VIGNOBLES ONDULÉS
Vendanges en automne;
Wintrange (page de droite)

SANFT GEWELLTE WEINBERGE
Herbstliche Weinlese;
Wintringen (rechte Seite)

GENTLY ROLLING VINEYARDS
Autumn harvest;
Wintrange (right page)

Le port de Mertert est plus commercial et la ville de Wasserbillig aussi - beaucoup du fait des nombreuses stations service très fréquentées (l'essence est moins chère ici que dans les pays voisins). Les Caves Bernard Massard, ainsi qu'un jardin de papillons exotiques sont les deux plus importantes attractions de Grevenmacher, alors qu'à Remich, l'"Esplanade" est un lieu d'excursion très apprécié.   ➤➤

Geschäftiger geht es im Hafen von Mertert zu oder in Wasserbillig, das nicht zuletzt wegen der zahlreichen Tankstellen (Benzin ist in Luxemburger preiswerter als in den Nachbarländern) frequentiert wird. Die Sektkellerei Bernard Massard sowie ein exotischer Schmetterlingsgarten sind die Hauptanziehungspunkte von Grevenmacher, während in Remich die Esplanade ein beliebtes Ausflugsziel ist.   ➤➤

There is more of a hubbub in the harbour at Mertert, or in Wasserbillig, a town frequented not least of all for its countless petrol stations (fuel in Luxembourg is much cheaper than in neighbouring lands). The sparkling wine cellars of Bernard Massard, as well as the exotic butterfly garden, are major attractions in Grevenmacher, while in Remich, the Esplanade is a favourite destination for those who love to stroll.   ➤➤

Dans l'arrière-pays mosellan, la station thermale de Mondorf, fondée en 1886 vaut le détour. Des célébrités comme Victor Hugo, Maurice Ravel, Arthur Rubinstein ou Jean Monnet appréçiaient les cures et flânaient dans le parc orné de roses. Les installations modernes du nouveau Domaine Thermal, inauguré en mai 1988, associent sous le même toit soins à l'ancienne, un club "sports et santé" ainsi qu'un hôtel.

Im Hinterland der Mosel ist vor allem das Thermalbad von Mondorf, 1886 gegründet, eine Stippvisite wert. Hochkarätige Persönlickeiten wie Victor Hugo, Maurice Ravel, Arthur Rubinstein oder Jean Monnet schätzten es, sich in den Anlagen pflegen zu lassen und durch den rosengeschmückten Park zu flanieren. Die Anlagen des neuen, in moderne Architektur gewandeten "Domaine Thermal", das im Mai 1988 eingeweiht wurde, vereint unter einem Dach sowohl das klassische Thermalkurangebot wie auch ein Sport- und Fitnessklub sowie ein Hotel.

In the hinterland of the Moselle, the thermal spa of Mondorf-les-Bains, founded in 1886, is worth a flying visit. "Personalities" like Victor Hugo, Maurice Ravel, Arthur Rubinstein, and Jean Monnet took immense pleasure revelling luxuriously in the facilities offered, and sauntering light-heartedly through the rose-bedecked parklands which surround it. The new "Domaine Thermal" characterised by its modern architectural style, and inaugurated in May 1988, combines under one roof the classical offerings for a thermal cure, as well as a sport and fitness club, and a hotel.

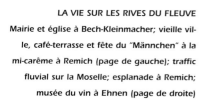

LA VIE SUR LES RIVES DU FLEUVE

Mairie et église à Bech-Kleinmacher; vieille ville, café-terrasse et fête du "Männchen" à la
mi-carême à Remich (page de gauche); traffic
fluvial sur la Moselle; esplanade à Remich;
musée du vin à Ehnen (page de droite)

DAS LEBEN AM FLUß

Gemeindehaus und Kirche in
Bech-Kleinmacher; Altstadt, Café-Terrasse und
"Männchen"-Fest zu Halbfasten in Remich
(linke Seite) Schiffsverkehr auf der Mosel;
Esplanade in Remich; Weinmuseum
in Ehnen (rechte Seite)

LIFE BY THE RIVER

Village hall and church in Bech-Kleinmacher;
the old town, café terrace, and "Männchen"
Festival during Lent in Remich (left page);
river traffic on the Moselle; the Esplanade in
Remich; the Wine Museum in Ehnen
(right page)

OÙ LA MOSELLE FAIT LA FRONTIÈRE

Ehnen (en haut); "Felsberg" (grande photo); bac faisant le lien entre

Wasserbillig (L) et Oberbillig (D); Grevenmacher; Wasserbillig

WO DIE MOSEL DIE GRENZE BILDET

Ehnen (oben); "Felsberg" (großes Foto); Fähre zwischen Wasserbillig (L)

und Oberbillig (D); Grevenmacher; Wasserbillig

WHERE THE MOSELLE FORMS THE BORDER

Ehnen (above); "Felsberg" (large picture); ferry between Wasserbillig(L)

and Oberbillig(D); Grevenmacher; Wasserbillig

Minett

Au "Pays de la terre rouge"

Gruben-Nostalgie im "Land der roten Erde"

Mining nostalgia in the "Land of the red earth"

L'ENTRÉE de la mine "Heintzenberg" est barricadée; des plantes grimpantes sauvages ont englouti les planches cloûtées et les grilles. Ici, à la périphérie boisée d'Esch-sur-Alzette, la deuxième ville du pays par importance d'habitants, des reliquats à l'air hanté témoignent du passé glorieux de cette région marquée autrefois par l'industrie du fer. ➤➤

DER Stolleneingang der Grube "Heintzenberg" ist verrammelt und strahlt Geisterbahn-Charme aus. Wirr wuchernde Schlingpflanzen haben den Bretterverhau und die Gitterstäbe eingeschnürt. Hier, an der bewaldeten Peripherie von Esch-Alzette, der zweitgrößten Stadt Luxemburgs, zeugen gespenstisch wirkende Relikte von der glorreichen Vergangenheit des kleinen Landes als Dorado der Stahlindustrie. ➤➤

THE tunnel entrance to the "Heintzenberg" mine is barricaded, but it still exudes a ghost-train charm. Wildly rampant creepers have overwhelmed the wooden barrier and the protecting grill. Here, on the forested periphery of Esch-sur-Alzette, the second largest town in Luxembourg, are the eerie relics of the glorious past once enjoyed by this tiny country when it stood as the Eldorado of the steel industry. ➤➤

Dans cette mine, une mine parmi beaucoup d'autres dans le Sud du Luxembourg, on exploitait la minette dès 1845. C'est de cette roche rouge-brune chargée de minerai que l'on extrayait le fer qui apporta le bien-être au pays, donnant son nom de "Minett" à tout le Sud. Mais les jours de prospérité sont passés. ➤➤

Diese Grube war nur eine von vielen, in der ab 1845 in Luxemburgs Süden die "Minette" ausgebeutet wurde. Das rötlich-braune Erzgestein, aus dem das Eisen gewonnen wurde, das dem Land Wohlstand brachte, hat dem ganzen Industrierevier seinen Namen gegeben. Doch die Boom-Tage sind vorbei. ➤➤

This mine was only one of many which were worked after 1845 in Luxembourg's southern region, the "Minette". The red-brown ore-bearing stone, from which the iron was won, brought wealth to the land, giving its name to the entire industrial area. But those boom times are now consigned to the annals of history. ➤➤

PAYSAGE DE CANYONS
Là où l'on extrayait jadis le minerai de fer,
la nature a repris ses droits

RAUHE CANYON-LANDSCHAFT
Wo einst Erz abgebaut wurde, meldet die
Natur sich wieder zurück

CANYON LANDSCAPE
Where iron ore was once mined, Mother
Nature has taken back her home

Là, où l'on n'entend plus les détonations des tirs de mine, le bruit des excavatrices et celui des roues grinçantes des funiculaires, la nature revient en force. Sur les galeries effondrées se sont constituées de petites marres, parsemées d'orchydées rares dont s'enivrent les papillons. Autour des centres industriels de Dudelange, Differdange, Pétange ou Rodange, les plateaux rougeoyants aux formes erodées ressemblent aujourd'hui à des canyons. ➤➤

Dort, wo nicht mehr länger Sprengungen detonieren, Bagger lärmen und die Räder der Seilbahnen quietschen, meldet sich die Natur zurück. Über eingestürzten Stollen bilden sich kleine Weiher, die von seltenen Orchideenarten gesäumt und von Schmetterlingen umschwirrt werden. Rund um Industriezentren wie Düdelingen, Differdingen, Petingen oder Rodingen haben die rötlich schimmernden, zerklüfteten Felsplateaus Ähnlichkeit mit Canyons. ➤➤

Now, where explosions are no longer being detonated, excavators roar no more, and the squeak of conveyor wheels is silenced not by oiling but by halting, nature is taking back its hold. Where tunnels have crumbled, small ponds are forming, to be hemmed by rare species of orchid, and adorned by the fluttering of so many colourful butterflies. Around industrial centres, like Dudelange, Differdange, Petange, and Rodange, the shimmering red outcrops of rocky earth bear a similarity to the canyons of America.
➤➤

L'exploitation du minerai de fer attirait des ouvriers venant de tous les horizons: d'abord arrivèrent les Allemands, les Polonais, les Croates, puis les Italiens et les Espagnols et, plus récemment, les Portugais, suivis par les frontaliers français et belges.   ➤➤

Auf der Suche nach Arbeit und Brot haben sich im Süden die unterschiedlichsten Nationen zusammengerauft: zuerst kamen die Deutschen, Polen, Kroaten, dann die Italiener und Spanier, und in jüngerer Zeit die Portugiesen und die französischen und belgischen Grenzgänger.   ➤➤

In their search for work and livelihood, many varied peoples have come together in the South of the country: first there were the Germans, the Poles, the Croats, and then the Italians and Spanish, more recently too the Portuguese, as well as French and Belgian cross-border commuters.
➤➤

ESCH-ALZETTE, LA MÉTROPOLE DU FER
Rue de l'Alzette; "Aal Esch";
joueurs de pétanque et joueurs
de cartes au "Galgebierg"

MINETTE-METROPOLE ESCH-ALZETTE
Alzette-Straße; "Aal Esch"; Pétanque- und
Kartenspieler auf dem "Galgebierg"

MINETTE METROPOLIS ESCH-SUR-ALZETTE
Rue de l'Alzette; "Aal Esch"; Pétanque and
cards played on the "Galgebierg"

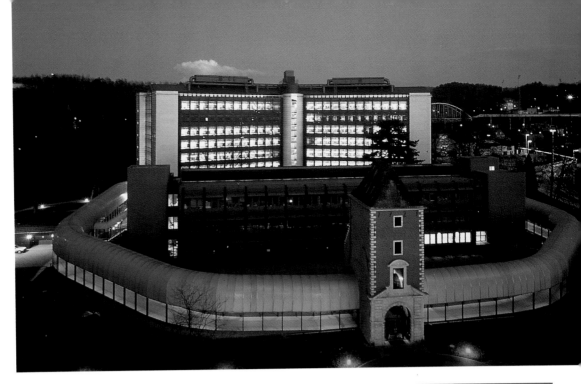

FAÇADES
La tour Berwart intégrée dans le
bâtiment administratif de l'Arbed; mairie;
façades richement décorées

FASSADEN
Arbed-Verwaltungsgebäude mit Berwart-
Turm; Gemeindehaus; Fassadendekors

FACADES
The Arbed headquarters with the Berwart
tower; the Town Hall; facade ornament

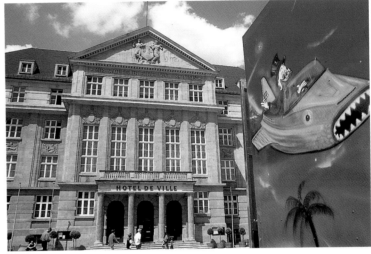

Nombreux sont les immigrants qui ont réussi leur ascension sociale. Ils ont ouvert des commerces de fruits et légumes, des fabriques de pâtes et des entreprises de maçonneries. En 1907, le marchand Olivio fit construire une étrange villa fin de siècle, rue Zénon Bernard à Esch-sur-Alzette. La façade semble être ciselée en filigrane. Aujourd'hui, la maison est classée monument historique. Cette façade enrubanée inspira d'autres bourgeois eschois qui firent construire de même, façon art-déco, classique ou baroque. Aussi appelle-t-on aujourd'hui Esch, la "ville au mille masques de pierre". ➤➤

Viele der Zugewanderten schafften sich empor, gründeten Obst- und Gemüseläden, Nudelfabriken und Steinmetzunternehmen. Der Händler Olivio ließ 1907 in der Zénon Bernard-Straße in Esch-Alzette eine wunderliche Jugendstil-Villa mit filigraner Fassadengestaltung errichten, die heute unter Denkmalschutz steht. Diese verschnökelte Fassade inspirierte wohlhabende Escher Bürger zu ähnlichem Schwelgen in Artdéco, Klassizismus und Barock. So nennt sich Esch heute "Stadt der tausend Steinmasken". ➤➤

Many immigrants founded fruit and vegetable shops, noodle factories, and stone masons' businesses. The merchant Olivio had a wonderful Art Nouveau villa built in the Rue Zénon Bernard in Esch-sur-Alzette, with intricate filigree facade decoration, and which today is a state-protected property. Its ornate facade inspired wealthy Esch citizens to similar indulgences in Art Deco, Classicism and the Baroque. Esch is consequently known today as "the town of a thousand stone masks". ➤➤

SCHIFFLANGE
Moulin restauré
"Bestgen"; vue panora-
mique sur la ville;
cortège de carnaval

SCHIFFLINGEN
Restaurierte "Bestgen"-
Mühle; Stadtpanorama;
Karnevalsumzug

SCHIFFLANGE
Restored "Bestgen" Mill;
townscape; Carnival
Procession

C'est une époque encore anté-
rieure qu'évoque le "Tëtelbierg"
près de Rodange. Ici, l'on trouva
les ruines d'un mur de défense
celte, long de trois kilomètres,
datant du IIe siècle avant Jésus-
Christ. A Dudelange, où des pho-
tographes célèbres exposent à la
galerie photo "Nei Liicht", les
ruines cyclopéennes d'un château
fort surmontant le Mont Saint-
Jean témoignent de la puissance
des chevaliers du moyen âge.
Quelques bâtisses nobles, ainsi le
château de Bettembourg construit
en 1733-34, annoncent l'ère pré-
industrielle. ➤➤

An eine noch weiter zurück-
liegende Epoche erinnert die
Ausgrabungsstätte des Titelberg
bei Rodingen, wo man die Überreste eines drei Kilometer langen
keltischen Wehrwalls aus dem
zweiten Jahrhundert v.Chr. aus-
buddelte. In Düdelingen, in dessen Fotogalerie "Nei Liicht" nam-
hafte Fotografen ausstellen,
zeugen die zyklopenhaften Qua-
dermauerruinen auf dem Johan-
nisberg von mittelalterlicher
Ritterherrschaft. Einige wenige
Adelssitze, so das zwischen 1733
und 1734 errichtete Schloß von
Bettemburg, künden von vor-
industriellen Zeiten. ➤➤

Memories of a far earlier era
are aroused by the excavation
sites on the Titelberg near
Rodange, where the remains of a
three kilometre long Celtic defen-
sive rampart from the 2nd century
BC have been brought to light. In
Dudelange, where famous photo-
graphs are exhibited in the "Nei
Liicht" gallery, there are the cyclo-
pean rectangular wall remains of
the castle built during the medieval reign of the Knights. A little
less aristocratic is the castle built
between 1733 and 1734 in
Bettembourg, a witness to pre-
industrial times. ➤➤

SUR LES TRACES DE
L'INDUSTRIE SIDÉRURGIQUE
Église néogothique et entrée d'une mine à
Lasauvage (en haut à gauche et en bas);
vieille locomotive au Fond-de-Gras
(grande photo)

AUF DEN SPUREN DER EISENINDUSTRIE
Neugotische Kirche und Stolleneingang in
Lasauvage (oben links und unten); alte
Dampflok im Fond-de-Gras (großes Foto)

IN THE FOOTSTEPS OF THE
STEEL INDUSTRY
Neo-Gothic church and tunnel entrance in
Lasauvage (above left and below); old steam
locomotive in Fond-de-Gras (large picture)

Dans la ville de Rumelange, on a su reconnaître à temps comment utiliser l'archéologie industrielle à des fins touristiques. Une ancienne mine, fermée en 1961, a retrouvé une nouvelle vie. Les visiteurs du "Musée National des Mines" découvrent une galerie longue de 900 et profonde de 106 mètres. ➤➤

Im vormaligen Erzstädtchen Rümelingen hat man beizeiten erkannt, wie sich aus Industriearchäologie touristisches Kapital schlagen läßt. Eine alte Grube, die man 1961 aufgegeben hatte, wurde wieder zu neuem Leben erweckt. Im "Nationalen Bergbaumuseum" fahren die Besucher mit einem kleinen Dieselzug in einen 900 Meter langen und 106 Meter tiefen Stollen. ➤➤

In the former iron-ore town of Rumelange, they learned in good time how to make tourist capital out of industrial archaeology. An old mine, abandoned in 1961, awoke to a new life. In the "National Museum of Mining", visitors take a small diesel train through a 900 metre long and 106 metre deep tunnel. ➤➤

Dans le temps, la bière et l'eau de vie aidaient à décrasser gorge et poumons de la poussière rouge de la minette. Une taverne, typique du temps de ces jours agités et glorieux de la métallurgie, se trouve dans l'ancien centre d'extraction minier de Fond-de-Gras, situé en pleine forêt près de Rodange. Le pittoresque troquet "Bei der Giedel", construit en 1881 dans le style des baraquements en bois, fait penser à un saloon du Far-West. ➤➤

Der "Minette"-Staub wurde seinerzeit bei viel Bier und Branntwein heruntergespült. Eine typische Bergmannskneipe aus jenen stürmischen Tagen befindet sich im ehemaligen Abbaugebiet "Fond-de-Gras" bei Rodingen, mitten in den Wäldern. Das "Café bei der Giedel" im hölzernen Barakkenstil, im Jahre 1881 entstanden, erinnert an einen Wild-West-Saloon. ➤➤

The "Minette" dust was in its time washed away by much beer and spirits. A typical miners' bar from those tumultuous days, is located in the former mining area of "Fond-de-Gras", near Rodange, in the middle of the forest. The "Café bei der Giedel", built in wood-cabin style in the year 1881, is reminiscent of a Wild West saloon. ➤➤

VILLE DES POUTRES EN ACIER
Le laminoir de l'usine Arbed à Differdange

STADT DER STAHLTRÄGER
In Differdingen werden die Arbed-Träger gewalzt

TOWN OF STEEL GIRDERS
In Differdange, Arbed girders are rolled

"FORGE DU SUD"
Quartier "Brill" et mairie à Dudelange

"SCHMIEDE DES SÜDENS"
Brill-Viertel und Rathaus in Düdelingen

"FORGE OF THE SOUTH"
The "Brill" quarter, and the Town Hall
in Dudelange

Les installations du Fond-de-Gras, sauvées en dernière minute d'une mort certaine, ont été transformées: un musée industriel à ciel ouvert comprend des maisons ouvrières, une petite épicerie, un laminoir, une halle de compresseurs et d'autres installations sidérurgiques. ➤➤

Die Anlagen des "Fond-de-Gras", in letzter Minute vor dem Tod durch Verschrotten bewahrt, wurden zu einem unkonventionellen Freilichtmuseum mit restaurierten Arbeiterwohnungen, Krämerladen, Werkschuppen, Walzstraße und Kompressorhalle umfunktioniert. ➤➤

The installation at "Fond-de-Gras", saved at the very last minute from death by scrapping, has been converted into a rather unconventional open-air museum, with restored artisan houses, shops, workshops, rolling roads, and compressor rooms. ➤➤

CONTRASTES ARCHITECTONIQUES
Chapelle sur le "Gehaansbierg" à Dudelange;
château baroque Collart à Bettembourg

ARCHITEKTONISCHE KONTRASTE
Kapelle auf dem "Gehaansbierg" in Düdelingen;
barockes Collart-Schloß in Bettemburg

ARCHITECTURAL CONTRASTS
Chapel on the "Gehaansbierg" in Dudelange;
the baroque Collart Castle in Bettembourg

La "Minièresbunn", un petit train à voie étroite, traverse une partie du parcours long de quatre kilomètres dans le noir d'une galerie. Les week-ends, le "Train 1900", une locomotive à vapeur avec des voitures en bois, traverse cette vallée sauvage et romantique et invite à un voyage comme au bon vieux temps.

Die "Minièresbunn", eine Schmalspurbahn, legt einen Teil der 4 Kilometer langen Strecke in Stollenfinsternis zurück. Höhepunkt ist an Wochenenden eine Fahrt ins Grüne im Plüschabteil eines antiken Eisenbahnwaggons, gezogen von einer fauchenden und schnaufenden Dampflok Baujahr 1900. Die rostigen Gleise, auf denen die Loren das Erz beförderten, haben wieder eine Daseinsberechtigung.

The "Minièresbunn", a narrow gauge railway, runs for a part of its 4 kilometres in the darkness of a tunnel. Weekend highpoint is a journey through the lush verdant countryside in the plush velvet comfort of an antique railway coach, drawn by a hissing and wheezing steam locomotive built in 1900. The rusty tracks, along which the wagons delivered the ore, have once again a raison d'être.

PAYS DE LA TERRE ROUGE
Ancienne exploitation de minerai de fer à ciel ouvert; ruines d'un château fort sur le "Gehaansbierg" à Dudelange; Musée des mines à Rumelange

LAND DER ROTEN ERDE
Einstiges Tagebaugelände; Burgruinen auf dem Düdelinger "Gehaansbierg"; Bergbaumuseum in Rümelingen

THE LAND OF THE RED EARTH
Former open-cast mining land; fortress ruins on the Dudelange "Gehaansbierg"; Mining Museum in Rumelange